LE SÉNÉGAL

SERA-T-IL UNE COLONIE,

OU

UN SIMPLE COMPTOIR?

PAR M. LE Bᵒⁿ R. DARRICAU,

CAPITAINE DE FRÉGATE.

PARIS,

TYPOGRAPHIE DE FIRMIN DIDOT FRÈRES,

IMPRIMEURS DE L'INSTITUT, RUE JACOB, 56.

1850.

LE SÉNÉGAL

SERA-T-IL UNE COLONIE,

OU

UN SIMPLE COMPTOIR?

———————

Quelle que soit la gravité de la situation de la métropole, la question coloniale vient occuper une place importante parmi les préoccupations politiques ; les travaux de la Commission coloniale vont probablement mettre au jour une législation qui sera le point de départ d'un avenir, espérons-le, moins cruel que le passé, et qui donnera quelques garanties aux habitants de ces contrées, autrefois si riches, aujourd'hui si malheureuses.

Le point le plus important à régler est celui-ci : obtenir le travail de la terre, ensuite la vente des productions, sucre et café, de telle façon qu'elle puisse permettre aux propriétaires de couvrir leurs frais de culture, tout en réalisant des bénéfices, justes rémunérations des peines qu'ils se seront données. Tel est en résumé le problème posé à la Commission.

Envisagé sous ce point de vue, le Sénégal se trouve en dehors de la question ; pour lui, il n'y a pas de culture, et quant à ses produits, ils sont d'une nature si différente, que la législation commerciale applicable aux produits tropicaux ne peut en rien convenir ni aux denrées de change du littoral africain, ni à la traite de la gomme.

En présence d'une pareille difficulté, que fera la Commission ?

Accordera-t-elle au Sénégal une attention assez grande pour s'en occuper spécialement ; et, ne fût-ce que par voie d'amendement ou par articles additionnels, lui fera-t-elle la part qui, à mon sens, devrait lui revenir ; ou bien (ainsi que les bruits en ont couru), tranchera-t-elle la question en mettant la colonie à part de la législation, en la réduisant à l'état de simple comptoir !

Préférera-t-elle le premier parti au second ? Espérons que, renseignée sur l'état actuel du pays, elle lui accordera le degré d'importance qu'il mérite.

Avant de passer à l'examen de la situation matérielle du Sénégal, jetons un coup d'œil sur son état d'avancement moral.

Jamais il ne s'est rencontré population plus douce, plus obéissante à la loi ; jamais l'émeute n'a grondé dans les rues de Saint-Louis ; jamais le gouvernement n'a eu à employer des moyens sévères de répression. Avant l'émancipation, le noir vivait paisiblement, faisant partie de la famille. L'émancipation a passé, et presque partout le nouvel affranchi est resté auprès de ses anciens maîtres, les prenant pour guides et pour conseils ; l'on n'a pas vu de ces scènes tumultueuses qui ont effrayé les autres colonies : ceux que l'émancipation a ruinés ont souffert silencieusement, attendant un meilleur avenir de la justice du gouvernement. Est-ce cette patience, cette résignation que la loi viendrait aujourd'hui punir par son indifférence ? Il n'en sera certainement pas ainsi ; la sagesse des habitants du Sénégal, au contraire, recevra la récompense qui lui est due. Depuis un petit nombre d'années, l'éducation de la population sénégalaise s'est singulièrement développée ; si nous en cherchons la raison, elle est bien simple : le commerce prenant de l'accroissement, chaque maison qui s'élevait groupait autour d'elle un nombre de noirs que le contact des Européens instruisait presque sans qu'ils s'en aperçussent. L'islamisme, la religion dominante de la majorité, n'est pas non plus étranger à ce progrès : si la plupart des indigènes à Saint-Louis ne savent ni lire ni écrire en français ; ils le savent en arabe et ils sont façonnés à l'obéissance de la loi du Coran, ce qui les prépare admirablement à l'observation des lois en général.

Le commerce pour beaucoup a été une source de fortune ; le premier usage qu'en ont fait ceux qui ont été assez heureux pour l'obtenir, a été d'envoyer leurs enfants en France ; aussi rencontre-t-on au Sénégal un bien grand nombre de jeunes gens qui ont reçu une éducation bien supérieure à celle que l'on pourrait s'attendre à rencontrer à Saint-Louis ou à Gorée. La conséquence de ces faits s'est admirablement traduite en 1848 : lorsque pour la première fois la population a dû exercer ses droits électoraux, elle n'a pas hésité. Plusieurs candidats s'étaient présentés : l'un était encore environné du prestige du gouvernement ; un autre venait de faire proclamer l'émancipation, et demandait à l'élection la récompense de ce bienfait. L'on pouvait penser que les suffrages se partageraient ; mais non, tous se réunirent sur un homme qui n'avait eu jusque-là aucun antécédent politique, dont le mérite était d'être bien connu de la population. En envoyant M. Durand Valentin à la chambre, les Sénégalais ont certainement fait preuve d'un grand discernement, surtout d'un jugement politique avancé. Deux fois les élections se sont faites, deux fois les mêmes faits se sont présentés ; deux fois le même calme, la même persévérance, la même rectitude.

Ce n'est certainement pas une pareille population qu'il faut dire incapable des droits politiques, ce n'est pas elle qu'il faut éloigner de l'urne électorale.

Le fait que je constate ici sera bien plus digne de remarque lorsque j'ajouterai que les frais d'éducation que le gouvernement fait à Saint-Louis sont si peu de chose qu'on peut les dire nuls. Appellera-t-on collége l'établissement qui n'a pas de professeurs attitrés, dont les classes sont faites par des sous-officiers, passagèrement empruntés à la garnison ?

Dira-t-on qu'il y a une instruction publique là où la librairie est si peu répandue, que l'on ne pouvait pas, en 1850, trouver assez de livres dans la colonie pour faire une distribution de prix aux élèves de l'école primaire, dirigés par des frères ?

Enfin, Saint-Louis, loin de posséder une imprimerie, n'a pas même une presse lithographique. Cette infériorité est d'autant plus sensible, que l'imprimerie est répandue sur toute la côte d'Afrique, qu'il n'y a pas une colonie anglaise, pas une mission protestante qui n'imprime ses livres elle-même !

Si dans les conditions actuelles le Sénégal a progressé, s'il a fait un pas vers la civilisation avancée, s'il a compris le plus important de ses droits, le droit électoral, n'est-on pas en droit de dire que son éducation politique serait presque l'égale de celle de la métropole, si l'on s'en était sérieusement occupé? Est-ce au moment où tout marche vers un heureux développement, qu'il faudrait détourner ses regards de notre colonie? L'abandonnerait-on, lorsque nos autres possessions vont être dotées d'une loi où l'instruction publique aura certainement son budget?

En tant que citoyen et membre de la commune, le Sénégalais réclame toute l'attention de la métropole.

Jusqu'ici les attributions du maire n'ont été définies que par arrêtés, par des dépêches ; elles ont été souvent compliquées de bien d'autres soins que ceux de la municipalité. Les rapports avec les autres autorités de la colonie sont même si mal établis, qu'il n'y a pas de jour où ne s'élèvent des conflits, et où l'autorité du gouverneur ne doive intervenir.

Il en est résulté, surtout pour une population qui commence à connaître ses droits, une source continuelle de tiraillements, auxquels, dans l'intérêt de la population comme dans celui du gouverneur, il serait heureux que la loi mît une fin. Sous ce point de vue, ne serait-il pas déplorable que le Sénégal, simple comptoir, fût en dehors de la législation des grandes colonies, qu'il serait cependant facile de lui adapter?

A ces considérations générales vient s'en joindre une, tirée des circonstances actuelles, qui rend la loi municipale dans notre colonie du Sénégal d'une nécessité indispensable.

Autrefois, lorsque le régime de l'esclavage existait, les noirs étaient soumis à certaines règles que leur imposaient leurs maîtres : c'étaient des conditions de domicile, l'obligation de rentrer à des heures prescrites; en un mot, l'ordre était maintenu par les patrons, et la police était facile à faire. Pour les affranchis, ces lois, toutes de famille, ont cessé d'être en vigueur. Ce n'est pas la force et la rigueur d'un gouvernement dont les formes sont militaires qui puissent y suppléer. L'autorité municipale, qui a quelque chose de plus doux, si je peux m'exprimer ainsi, quelque chose de plus paternel, est beaucoup mieux placée pour établir une police, qui devient nécessaire surtout pour obtenir l'exécution des règlements. A cette autorité serait encore dévolue une autre obligation.

L'intérêt même des propriétaires de noirs les obligeait à se charger de leur éducation professionnelle ; ils en faisaient des hommes de métier, et lorsque leur apprentissage était fini, ils partageaient avec leurs esclaves les bénéfices de l'éducation qu'ils leur avaient fait donner.

Aujourd'hui le noir ayant un métier a émigré, pour se rendre dans les colonies anglaises de Sainte-Marie et de Sierra-Leone, où la main-d'œuvre est mieux rétribuée. Ceux qui restent suffisent à peine aux travaux. Cet inconvénient, qui déjà se fait sentir, sera bien plus grand dans quelques années ; car l'imprévoyance est le caractère du noir, et, n'aurait-il pas ce défaut, ses moyens ne lui permettent pas de donner une éducation professionnelle à ses enfants. Si, dès aujourd'hui, on ne porte pas un remède à ce mal, avant peu de temps on ne trouvera pas un seul noir au Sénégal pour s'y livrer aux travaux même les plus usuels. La main-d'œuvre deviendra d'une cherté qui sera un véritable embarras pour le gouvernement.

Le gouvernement ne resterait pas étranger à cette organisation ; les ateliers dont il dispose à la direction du port, à la direction du génie et de l'artillerie, aussi dans les régiments en garnison, tels que la sellerie, la botterie, la cordonnerie, l'habillement, pourraient devenir autant d'écoles pratiques de métiers pour les jeunes noirs.

Cette considération, qui paraît être un détail, n'est pas moins de fait majeure et d'un avenir digne d'une réelle attention.

Je viens, dans cet aperçu rapide, de tracer les besoins moraux de la colonie du Sénégal, qui se résument à ceci : donner un développement plus grand à l'instruction publique, doter le pays d'une loi municipale, par conséquent le laisser dans le droit commun des autres colonies.

Nul ne contestera l'utilité, la nécessité des lois que je réclame ; elles doivent être pour le Sénégal un nouvel élément de prospérité. Il est cependant une question plus grave encore, question vitale qui, au Sénégal, domine toutes les autres : c'est la question commerciale. Je vais l'examiner.

Presque depuis l'origine de la colonie, on a cherché à faire produire le sol sénégalais ; toutes les tentatives ont été presque sans résultat : la seule production qui ait acquis du développement est celle de l'arachide, qui ne demande aucun soin, et que les noirs même les plus éloignés de la civilisation ont adoptée avec la plus grande facilité.

La vie du Sénégal s'est donc concentrée dans le commerce, et la nature de ses échanges en a fait la plus réellement productive de toutes nos colonies, celle qui nous devient de l'utilité la plus réelle. Nous ne pouvons tirer la gomme de nul autre endroit. En fait de matière première de fabrication, c'est encore la seule pour laquelle l'Angleterre soit notre tributaire. — Nulle part nous ne trouvons des cargaisons d'arachide, de cire, d'ivoire, etc., comme celles que nous tirons du Sénégal. Les bestiaux même embarqués à Saint-Louis et à Gorée sont devenus l'approvisionnement des Antilles. Avec de telles conditions, comment se fait-il que la situation commerciale soit aujourd'hui dans un état déplorable, que la dette de la colonie envers la métropole soit telle, que les transactions ne puissent s'opérer sous sa pression ?

Accordons à ce fait toute notre attention ; il est digne de l'étude approfondie de toute personne qui s'intéresse à l'avenir colonial.

Au Sénégal, plus particulièrement que partout ailleurs, le commerce est lié à la politique du gouvernement ; les escales ne sont approvisionnées qu'autant que la paix laisse toute facilité à l'arrivée des caravanes ; les échanges ne se font qu'autant que le gouvernement assure la tranquillité. Au moment où j'écris, ces conditions n'existent malheureusement pas. Si la guerre n'est pas déclarée aux Maures, la situation est telle, qu'on y sera peut-être forcé. Le Cayor est en armes ; la traite des arachides manquera dans toute son étendue.

Ce sont là de grandes causes de souffrances, mais l'état de guerre n'est que passager : vienne la paix, et les échanges commerciaux reprendront leur cours. Le mal, tout grand qu'il est, n'est qu'accidentel. Si, pour le moment, il contribue à pousser la rigueur de la situation à l'extrême, il faut cependant en chercher une autre cause plus profonde, si je peux m'exprimer ainsi, plus intime, dont l'existence est due à des habitudes de commerce qui datent de l'origine de la colonie. Examinons cette situation sous ce point de vue.

Le commerce de Saint-Louis se ressent des premiers temps de l'enfance de la colonie ; on y retrouve le privilége et la corporation des traitants, comme conséquence de ces institutions, une influence directe du gouvernement dans les affaires de commerce. Il suffit d'énoncer aujourd'hui un pareil état de choses pour qu'il implique la réprobation de tout économiste.

Tout le monde comprend que tout ceci doit toucher à sa fin, que le grand principe de la liberté du commerce doit se faire jour, se substituer à toutes les ordonnances du passé. Mais, ne nous le dissimulons pas, soyons ici prudents, car toute modification d'une institution depuis longtemps établie ne se remplace pas sans quelque commotion. Quel que soit le bien qui doive en résulter plus tard, il y a toujours quelques fortunes particulières qui auront à en souffrir. Sachons comprendre les craintes qu'éprouvent les traitants à la pensée de l'abolition de leur privilége.

Ce sont ces appréhensions que je veux chercher à combattre ; j'espère surtout prouver que, loin d'y perdre, les traitants ne feront qu'y gagner ; et qu'en rentrant dans la loi commune par la législation nouvelle, la prospérité sera un résultat certain.

Qu'arrive-t-il sous le régime actuel ?

Lorsque le traitant, à l'ouverture de la traite, devient propriétaire des marchandises payables en gomme, il ignore quel sera le prix courant aux escales, quelle sera l'abondance de la denrée. Il achète donc, si je puis m'exprimer ainsi, au hasard ; et en présence de la dette qu'il vient de contracter, il faut qu'il vende à tous prix, afin de payer le plus possible. De là, pour lui, la nécessité d'une concurrence à outrance, de là les primes offertes aux Maures, de là, enfin, cette soumission aux prix établis par les Maures, qui restent les maîtres réels du marché.

Lorsque la traite n'a pas été ce qu'on espérait, le traitant ne peut pas payer la quantité de marchandises dont il s'est rendu acquéreur; sa dette paraît alors, et, si plusieurs mauvaises années se succèdent, chacune d'elles vient l'augmenter, de telle façon qu'il devient insolvable; c'est ce qui rend aujourd'hui la position si pénible. En vain, comme l'année dernière, aura-t-on recours à l'expropriation, en vain cherchera-t-on à se faire payer avec les fonds que l'indemnité de l'émancipation jettera dans la colonie; le négociant ne rentrera pas dans ses avances; et le fît-il, dans quelques années ces ressources ne subsisteront plus, l'on n'aura fait que reculer l'époque de la liquidation.

Qu'on ne mette pas en regard de ce tableau celui des années heureuses: d'abord elles sont rares, et, quand elles arrivent, pour la majorité, elles n'ont d'autre résultat que de payer des dettes anciennes, sans améliorer le bien-être de personne.

Le commerce européen n'a pas non plus à se louer de la situation actuelle. Si la dette n'est pas payée, il perd beaucoup; mais supposé qu'elle le soit, ce ne sera qu'après de bien longues échéances. Jusque-là, il aura toujours été gêné dans ses remises à la métropole, il aura toujours ses fonds découverts, toujours arrêté dans le développement qu'il pourrait donner à ses affaires.

Ces vérités sont si claires, si positives, qu'il n'y a pas même lieu à une démonstration, les faits se prouvent d'eux-mêmes et conduisent naturellement à cette conclusion, changement dans le mode de transactions.

Si, nous reportant à ce que nous avons dit plus haut, cette révolution se fait dans le sens de la liberté commerciale, qu'en résultera-t-il? Que deviendra la condition des traitants?

Les négociants européens ne pourront pas aller aux escales. Ils devront avoir recours à des mandataires, qu'ils ne prendront évidemment que parmi les indigènes acclimatés parlant la langue des Maures, habitués à leur manière de traiter, à leurs ruses, à leurs exigences: personne ne peut les remplacer; pendant encore de longues années ils sont les intermédiaires indispensables. Une seule chose devra changer dans les rapports entre les traitants et les négociants, ce sont les conditions du mandat réciproque. Si par exemple, au lieu de devenir acquéreur des guinées, le traitant restait à l'état de commissionnaire, touchant un intérêt sur la vente des guinées et l'achat des gommes, il serait toujours certain d'un bénéfice, d'autant plus grand que la traite serait meilleure, et jamais il ne se trouverait à l'avenir en présence de sa dette.

Pour le bailleur de fonds, il y aurait cet avantage qu'il pourrait fixer à ses agents le prix d'achat, qu'il n'aurait aucun fonds à découvert, et, enfin, qu'il deviendrait maître du marché. Ce prix se règlerait d'avance par une entente possible entre les négociants, comme il arrive dans toutes les villes de commerce pour toutes les denrées qui se cotent à la bourse.

Les Maures finiront par adopter cette cote, car ils ont autant besoin de nos guinées que nous avons besoin de leur gomme. La pression qu'ils exerçaient sur les traitants cessant d'exister, elle vient peser sur les détenteurs de la denrée ; les conditions du marché changeant donc, c'est nous qui devenons les maîtres. Ce ne sont pas là les seuls avantages qui résulteraient de cet état nouveau : le commerce rentrant dans les habitudes ordinaires de la métropole, n'ayant plus à combattre contre une dette énorme qui l'amoindrit ; le crédit y gagnerait, la possibilité de régler jusqu'à un certain point à Saint-Louis le marché des escales permettra d'y établir entre les négociants cette bourse dont je viens de parler. Cette révolution nous conduit tout naturellement aux établissements de crédit. Il est bien extraordinaire que dans un pays tout commercial ils n'aient pas encore existé ; personne ne comprendra que le Sénégal, colonie commerciale, ne possède ni une banque, ni aucune de ces lois qui favorisent la circulation des fonds. Pour en retarder aussi longtemps l'élément, il a fallu les mauvaises conditions existantes ; je reste convaincu que, du jour où le commerce deviendra normal, les fonds y circuleront par les mêmes artères que dans tout autre pays et aux mêmes conditions.

Dans toute cette transformation du commerce l'action du pouvoir doit être bien indirecte ; tout y dépend des ordres des négociants à leurs commanditaires. Il ne doit qu'aider aux efforts qui seront tentés dans ce sens ; son action, cependant, devra se faire sentir dans les conditions de la formation de la banque et dans l'assistance qu'il lui donnera. C'est là ce que doit obtenir le mandataire du Sénégal ; c'est la cause qu'il doit plaider chaudement. Si elle venait à être gagnée, ce serait un immense service qu'il aurait rendu. Ce que nous avons dit plus haut de la nécessité d'un budget de l'instruction publique, trouve ici une application directe ; du jour où le contrat amiable entre le traitant et le négociant se produira, le deuxième devra demander des garanties au premier ; la plus grande qui puisse lui être offerte est celle d'une bonne éducation morale.

Tirons-en donc encore ici, pour la seconde fois, cette déduction, qu'il est important que le Sénégal entre dans le droit commun des autres colonies, et que la législation nouvelle lui soit appliquée.

J'ai dit plus haut que la question commerciale était complexe, et que l'état de la politique du fleuve l'influençait à un haut degré. Examinons cette politique. Dans les premiers temps de la colonisation, on avait tout intérêt à attirer les vendeurs. Je comprends qu'à cette époque on ait payé certaines primes, qui se sont perpétuées sous le nom de *coutumes*. J'admets que l'habitude de longues années ait acquis force de loi, et que nous ne changions rien à cet ordre de choses.

Mais ce que je ne saurais admettre, c'est que ces coutumes puissent être augmentées, c'est qu'elles puissent être accordées à un autre titre qu'à celui de la munificence de la France. Au temps où nous vivons, les Maures doivent être bien persuadés que nous désirons des relations amicales de commerce basées sur la justice ; qu'en dehors de ces conditions, ils ne doivent trouver pour leurs exactions ou leurs fraudes qu'un juste châtiment.

Nous pouvons hardiment marcher dans cette voie, car les caravanes ne sauraient prendre une autre route que celle des bords du fleuve. En vain les Anglais ont voulu les faire dériver vers la Sénégambie ou Portendick, il est aujourd'hui prouvé qu'il y a une impossibilité matérielle, ce qui pose de la manière la plus rigoureuse que, le marché de gomme ne pouvant avoir lieu qu'aux escales, nous devons être les maîtres de le régler.

C'est dans ce sens que la politique aurait toujours dû être dirigée ; il n'en a malheureusement pas toujours été ainsi.

Les gouverneurs ont souvent varié : les uns ont trop cru à la nécessité de la paix, et ont poussé trop loin les concessions. Il s'en est suivi que les Maures se sont exagéré leur propre importance. D'autres ont recherché à se rendre maîtres des chefs de tribu en se mêlant à leurs débats, à leurs discussions, à leurs droits de succession : on a pris parti pour tel ou tel chef contre tel ou tel autre.

Si dans cette manière de faire il y a quelques avantages, il y a aussi d'immenses mécomptes. Cette politique d'intervention, pour réussir, doit pendant longtemps être suivie par le même homme. Loin de là, les gouverneurs ne font que passer au Sénégal. Il en résulte que le parti soutenu par l'un est abandonné par l'autre ; dès lors, nous perdons notre influence morale, et nous restons seulement mêlés à de petites intrigues, indignes de notre puissance. Nous ne faisons que recevoir le contre-coup du parti vaincu, lorsque nous n'avons pas agi avec assez de force pour lui donner la victoire.

Une fois sur cette pente, nous sommes fatalement entraînés là où nous en sommes aujourd'hui, réduits à faire la guerre contre notre volonté.

Puisqu'il en est ainsi, sachons au moins prendre un parti : que cette guerre, à laquelle on nous oblige, ne soit pas une expédition qui se borne à l'incendie de quelques cases en paille, mais une guerre conduite avec suite et vigueur ; qu'elle dure le temps nécessaire pour forcer notre ennemi à demander grâce et à recevoir la paix à des conditions qui seront une heureuse garantie pour l'avenir.

Je n'ai pas la prétention de faire ici un plan de campagne ; mais je reste convaincu qu'une pareille expédition ne serait ni très-difficile, ni très-dispendieuse.

Sur le fleuve, les bateaux à vapeur, échelonnés comme centre d'opération d'une flottille de chaloupes bien armées, suffiraient à bloquer les rives, de manière à ce que pas une tête de bétail ne pût y descendre.

A terre, deux bataillons d'infanterie au lieu d'un, deux escadrons de spahis au lieu d'un, bien utilisés, bien commandés, satisferaient à toutes les exigences de la guerre.

Ces demandes, dans l'état actuel, peuvent paraître exagérées ; la marine peut craindre de s'engager dans de pareilles dépenses. Pourquoi ne s'adresserait-elle pas au ministère de la guerre ?

Il n'est pas probable que ce secours soit refusé, lorsqu'il serait prouvé qu'un bataillon et un escadron suffiraient au rétablissement de notre prépondérance dans le fleuve.

Les considérations auxquelles je viens de m'arrêter demanderaient un plus long développement que celui comporté par ces quelques pages ; je m'y suis arrêté, parce que les circonstances actuelles m'y ont conduit. Je n'insisterai pas davantage, pas plus que sur les moyens de réduire le Cayor. La guerre y est facile à terminer : c'est une question de force et de gouvernement dans laquelle il ne m'appartient pas d'entrer ; je me suis déjà trop éloigné de la question que je me suis proposée, à laquelle je reviens. Il ne me reste plus à parler que de la situation de Gorée.

Le commerce d'arachides, qui tous les jours prend de l'accroissement dans le Rio-Nuñez, à Sierra-Leone, etc., constitue à Gorée une nouvelle position. Pour les hommes pratiques, la conséquence la plus positive de ces faits est celle-ci : *franchise du port de Gorée*. Malheureusement, certaines villes commerçantes, surtout manufacturières, de la métropole, ont pensé que leurs débouchés en souffriraient. Il y a eu de leur part une erreur. Les tissus de fabrique française, en usage aujourd'hui, le seront encore après la franchise : leur emploi tient au goût des naturels, non pas à l'obligation imposée par la position de Gorée. Les marchandises anglaises sont à Sainte-Marie de Bathurst d'une trop facile acquisition pour qu'il y ait contrainte. Gorée, port franc, deviendrait l'entrepôt d'un commerce considérable de retour, dont les conséquences se feraient ressentir dans les villes opposées à cette mesure.

Jusqu'ici aucune décision n'a été prise. Les chambres de commerce ont été consultées ; mais ce n'est là qu'un document pour en venir à une solution. La commission qui a reçu du gouvernement la mission de se renseigner sur le commerce du Sénégal et d'indiquer les moyens d'aider à son développement, s'occupera certainement de cette question. Je ne doute pas que, comme moi, elle n'arrive aux conclusions suivantes : franchise du port de Gorée, admission du Sénégal au rang des colonies, avec le bénéfice des lois qui doivent les régir.

9 782012 987395